A New Morning And Other Bilingual German-English Stories for German Language Learners

Pomme Bilingual

Published by Pomme Bilingual, 2024.

A NEW MORNING AND OTHER BILINGUAL GERMAN-ENGLISH STORIES FOR GERMAN LANGUAGE LEARNERS

First edition. August 13, 2024.

Copyright © 2024 Pomme Bilingual.

ISBN: 979-8227979810

Written by Pomme Bilingual.

Table of Contents

Der alte Fischer und der verirrte Traum

Es war eine stille Nacht, und der Mond stand hoch über dem ruhigen Meer. Der alte Fischer, dessen Gesicht von unzähligen Tagen auf dem Wasser gezeichnet war, saß allein in seinem kleinen Boot. Die Seeluft war kalt, aber es störte ihn nicht; er war daran gewöhnt. In seiner Hand hielt er eine alte Pfeife, die ihm einst sein Vater geschenkt hatte. Er zog einen tiefen Zug und ließ den Rauch langsam entweichen, während seine Gedanken in die Ferne schweiften.

Vor langer Zeit hatte der alte Fischer große Träume gehabt. Er wollte die sieben Weltmeere bereisen, die größten Fische fangen und in den Hafenstädten Geschichten erzählen, die die Menschen in Erstaunen versetzen würden. Doch das Leben hatte andere Pläne für ihn. Jahr für Jahr verbrachte er auf diesem Meer, immer im gleichen kleinen Boot, immer mit der Hoffnung, dass der nächste Tag etwas Neues bringen würde.

An diesem Abend jedoch fühlte er eine seltsame Unruhe in sich. Es war nicht die gewöhnliche Müdigkeit, die nach einem langen Tag auf dem Meer kam. Nein, es war etwas anderes. Etwas, das tief in ihm schlummerte und nun an die Oberfläche drängte. Er konnte es nicht benennen, aber es war da, wie ein verirrter Traum, der plötzlich seinen Weg in seine Gedanken gefunden hatte.

Der alte Fischer nahm die Angel, die er seit Stunden nicht mehr beachtet hatte, und warf sie erneut ins Wasser. Das Meer war still, und das Geräusch des Köders, der das Wasser durchbrach, hallte in der Stille wider. Er wartete, die Augen auf den Horizont gerichtet, wo das Mondlicht sanft auf den Wellen tanzte.

In diesem Moment erinnerte er sich an eine Geschichte, die ihm sein Großvater erzählt hatte, als er noch ein kleiner Junge war. Es ging um einen Fischer, der eines Nachts einen goldenen Fisch fing, der ihm die Erfüllung eines Wunsches versprach. Der Junge in der Geschichte hatte einen Wunsch, der so groß war, dass er ihn kaum aussprechen konnte. Aber als er es schließlich tat, verschwand der Fisch, und mit ihm der Traum des Jungen. Der alte Fischer hatte diese Geschichte nie ganz verstanden, bis jetzt.

Er fragte sich, was er sich wünschen würde, wenn er in dieser Nacht einen solchen Fisch fangen könnte. Würde er die verlorenen Jahre zurückkaufen? Oder würde er einfach den Frieden wünschen, den er nie gefunden hatte? Aber die Wahrheit war, dass er nicht wusste, was er sich wünschen sollte. Die Jahre hatten ihm seine Träume genommen, und nun war nur noch diese Leere übrig.

Plötzlich zog etwas an seiner Angel. Der alte Fischer hielt den Atem an und zog vorsichtig die Schnur ein. Es war ein schwerer Fang, das spürte er sofort. Sein Herz begann schneller zu schlagen, und für einen Moment fühlte er sich wieder wie ein junger Mann. Doch als der Fang endlich an die Oberfläche kam, sah er nur einen alten, zerfetzten Fisch, der kaum noch lebendig war.

Er sah den Fisch an und spürte eine unerwartete Traurigkeit in sich aufsteigen. Er ließ die Angel los, und der Fisch glitt zurück ins Meer. Der alte Fischer saß noch eine Weile da, während das Boot langsam auf den Wellen schaukelte. Der Mond stand immer noch hoch am Himmel, und die Nacht war immer noch still.

Als der Morgen dämmerte, wusste der alte Fischer, dass er nie wieder einen Traum haben würde. Er legte die Pfeife beiseite und nahm die Ruder in die Hände. Es war Zeit, nach Hause zu fahren.

The Old Fisherman and the Lost Dream

It was a quiet night, and the moon hung high over the calm sea. The old fisherman, whose face was marked by countless days on the water, sat alone in his small boat. The sea air was cold, but it didn't bother him; he was used to it. In his hand, he held an old pipe, a gift from his father long ago. He took a deep puff and slowly exhaled the smoke, his thoughts drifting far away.

Long ago, the old fisherman had big dreams. He wanted to sail the seven seas, catch the biggest fish, and tell stories in the harbor towns that would leave people in awe. But life had other plans for him. Year after year, he spent on this sea, always in the same small boat, always hoping that the next day would bring something new.

Yet this evening, he felt a strange restlessness within him. It wasn't the usual weariness that came after a long day at sea. No, it was something different. Something that had been sleeping deep inside him and was now surfacing. He couldn't name it, but it was there, like a lost dream that had suddenly found its way into his thoughts.

The old fisherman took the fishing rod he hadn't touched in hours and cast it into the water again. The sea was still, and the sound of the bait breaking the surface echoed in the silence. He waited, his eyes fixed on the horizon where the moonlight gently danced on the waves.

At that moment, he remembered a story his grandfather had told him when he was a little boy. It was about a fisherman who, one night, caught a golden fish that promised to grant him a wish. The boy in the story had a wish so big that he could hardly speak it aloud. But when he finally did, the fish disappeared, taking the boy's dream with it. The old fisherman had never fully understood that story until now.

He wondered what he would wish for if he caught such a fish tonight. Would he wish to buy back the lost years? Or would he simply wish for the peace he had never found? But the truth was, he didn't know what to wish for. The years had taken his dreams, and now, only this emptiness remained.

Suddenly, something tugged at his line. The old fisherman held his breath and carefully reeled in the line. It was a heavy catch; he could feel that immediately. His heart began to beat faster, and for a moment, he felt like a young man again. But when the catch finally surfaced, all he saw was an old, tattered fish, barely alive.

He looked at the fish and felt an unexpected sadness rise within him. He let go of the rod, and the fish slipped back into the sea. The old fisherman sat there for a while longer, as the boat slowly rocked on the waves. The moon was still high in the sky, and the night was still quiet.

As dawn broke, the old fisherman knew he would never have a dream again. He set aside the pipe and took the oars in his hands. It was time to go home.

Die Jagd des verlorenen Tages

———

Die Sonne hing tief über den endlosen Weizenfeldern, als Josef den alten Traktor zum Stillstand brachte. Er saß eine Weile da, ließ den Motor langsam verstummen und lauschte dem leisen Summen der Insekten, die über die reifen Ähren schwirrten. Es war Erntezeit, und das Feld, das sich vor ihm erstreckte, war das Werk vieler mühsamer Monate. Der Boden, trocken und hart, war durch seinen Schweiß und seine Entschlossenheit fruchtbar geworden. Doch in diesem Moment, als der Tag sich neigte und das Licht golden über die Landschaft floss, fühlte Josef eine tiefe Leere in sich.

Er war kein junger Mann mehr. Die Jahre hatten ihm seine Kraft genommen, aber nicht seinen Willen. Seit seiner Jugend hatte er dieses Land bewirtschaftet, es mit seinen Händen geformt und mit seinem Blut getränkt. Doch die Jahre hatten auch eine Stille in sein Leben gebracht, die er nicht vertreiben konnte. Es war die Stille der verlorenen Tage, jener Tage, an denen das Leben anders hätte sein können.

Josef stieg vom Traktor und ging langsam auf das Feld zu. Er bückte sich, nahm eine Handvoll Erde und ließ sie durch seine Finger rieseln. Die Erde war fruchtbar, das wusste er. Aber sie fühlte sich kalt an, als hätte sie den Willen verloren, Leben zu spenden. Er erinnerte sich an die Zeit, als er und seine Frau Marta hier gemeinsam gearbeitet hatten. Sie war stark gewesen, eine Frau, die das Land ebenso liebte wie er. Doch Marta war vor vielen Jahren gegangen, und mit ihr war ein Teil von Josef verschwunden, den er nie wiederfinden konnte.

Das Dorf, das nur eine Meile entfernt lag, war still. Die Menschen waren längst in ihren Häusern verschwunden, bereiteten das Abendessen vor und bereiteten sich auf die Nacht vor. Josef jedoch konnte sich nicht dazu bringen, heimzukehren. Er wusste, dass das Haus leer sein würde, die Räume dunkel und kalt. Die einzige Gesellschaft, die er hatte, war das knarrende Geräusch des Holzes im Kamin und der Wind, der leise durch die Ritzen der alten Fenster pfiff.

Josef begann, durch das Feld zu wandern, ohne ein bestimmtes Ziel. Er ging, weil das Gehen ihm das Gefühl gab, dass er etwas suchte, auch wenn er nicht wusste, was es war. Die Erinnerung an Marta begleitete ihn, wie sie es in den letzten Jahren immer getan hatte. Er sah ihr Gesicht vor sich, wie sie lächelte, als sie ihm das Brot brachte, das sie am Morgen gebacken hatte. Es war ein einfaches Leben gewesen, aber es war ihr Leben gewesen.

Die Dunkelheit kroch langsam über das Land, und Josef fühlte die Kälte in seine Knochen kriechen. Er zog seinen alten Mantel enger um sich und setzte seinen Weg fort. Der Mond begann aufzugehen, eine schmale Sichel, die gerade genug Licht spendete, um den Weg vor ihm zu erhellen. Josef dachte an die Nächte, die er und Marta zusammen unter diesem Mond verbracht hatten, als das Leben noch voller Hoffnung und Möglichkeiten war.

Er blieb stehen und sah in den Himmel. Die Sterne funkelten kalt und fern, und Josef fühlte sich klein und unbedeutend unter ihnen. „Ist das alles, was vom Leben übrig bleibt?", fragte er sich leise. „Nur Erinnerungen und eine unendliche Leere?"

Er wusste, dass er keine Antwort finden würde. Die Tage, die vor ihm lagen, würden nicht anders sein als die, die hinter ihm lagen. Aber trotzdem setzte er einen Fuß vor den anderen und ging weiter. Denn das war alles, was er noch konnte. Er ging, weil das Gehen ihm die Illusion gab, dass er immer noch auf der Jagd nach etwas war, etwas, das ihm das Leben genommen hatte, ohne dass er es bemerkte.

Als Josef endlich das Ende des Feldes erreichte, stand er vor dem alten Baum, unter dem er und Marta einst gesessen hatten. Er setzte sich ins Gras und lehnte sich gegen den rauen Stamm. Der Baum war alt, genauso wie er. Aber er stand immer noch, die Wurzeln tief in der Erde verankert. Josef schloss die Augen und atmete tief ein. Der Duft der Erde, des Weizens und des nahenden Herbstes erfüllte seine Sinne, und für einen Moment fühlte er sich wieder lebendig.

Er wusste, dass er nicht viel Zeit mehr hatte. Die Tage waren kürzer geworden, und die Nächte dehnten sich endlos aus. Aber während er dort saß, erinnerte er sich an ein altes Lied, das Marta immer gesungen hatte, wenn sie abends zusammen saßen. Es war ein einfaches Lied, ein Lied über die Liebe und den Verlust, über die Hoffnung und die Verzweiflung. Josef begann leise zu summen, seine Stimme rau und brüchig, aber das Lied trug ihn zurück in eine Zeit, als die Welt noch voller Versprechen gewesen war.

Als der Morgen dämmerte, war Josef eingeschlafen, sein Körper in den Schlaf gefallen, den nur das Alter bringen kann. Der Wind flüsterte leise durch die Blätter des Baumes, und die Sonne stieg langsam über den Horizont. Doch Josef würde diesen neuen Tag nicht mehr erleben. Er hatte seine letzte Jagd beendet, die Jagd nach dem verlorenen Tag, und in der Stille der Nacht hatte er endlich Frieden gefunden.

The Hunt of the Lost Day

The sun hung low over the endless wheat fields as Josef brought the old tractor to a halt. He sat there for a while, letting the engine slowly die down, listening to the soft hum of insects buzzing over the ripe stalks. It was harvest time, and the field stretching out before him was the result of many months of hard work. The soil, dry and tough, had been made fertile through his sweat and determination. Yet, in this moment, as the day waned and the golden light flowed over the landscape, Josef felt a deep emptiness inside him.

He was no longer a young man. The years had taken his strength but not his will. Since his youth, he had farmed this land, shaped it with his hands, and soaked it with his blood. But the years had also brought a silence into his life that he could not shake. It was the silence of lost days, those days when life could have been different.

Josef climbed down from the tractor and slowly walked towards the field. He bent down, took a handful of soil, and let it trickle through his fingers. The earth was fertile; he knew that. But it felt cold, as if it had lost the will to give life. He remembered the time when he and his wife Marta had worked here together. She had been strong, a woman who loved the land as much as he did. But Marta had gone many years ago, and with her, a part of Josef had vanished, a part he could never find again.

The village, only a mile away, was quiet. The people had long since disappeared into their homes, preparing dinner and getting ready for the night. Josef, however, could not bring himself to go home. He knew the house would be empty, the rooms dark and cold. The only company he had was the creaking sound of the wood in the fireplace and the wind whispering softly through the cracks in the old windows.

Josef began to wander through the field, with no particular destination in mind. He walked because walking gave him the feeling that he was searching for something, even if he didn't know what it was. The memory of Marta accompanied him, as it had done for the past years. He saw her face before him, smiling as she brought him the bread she had baked that morning. It had been a simple life, but it had been their life.

Darkness slowly crept over the land, and Josef felt the cold seep into his bones. He pulled his old coat tighter around him and continued walking. The moon began to rise, a thin crescent that cast just enough light to illuminate the path before him. Josef thought of the nights he and Marta had spent together under this moon, when life was still full of hope and possibilities.

He stopped and looked up at the sky. The stars sparkled, cold and distant, and Josef felt small and insignificant beneath them. "Is this all that's left of life?" he asked himself quietly. "Just memories and an endless emptiness?"

He knew he wouldn't find an answer. The days ahead of him would be no different from the ones behind him. But still, he put one foot in front of the other and kept walking. Because that was all he could do. He walked because walking gave him the illusion that he was still hunting for something, something that life had taken from him without him noticing.

When Josef finally reached the end of the field, he stood before the old tree where he and Marta had once sat. He sat down on the grass and leaned against the rough trunk. The tree was old, just like him. But it still stood, its roots deep in the earth. Josef closed his eyes and took a deep breath. The scent of the earth, the wheat, and the approaching autumn filled his senses, and for a moment, he felt alive again.

He knew he didn't have much time left. The days had grown shorter, and the nights stretched out endlessly. But as he sat there, he remembered an old song Marta used to sing when they sat together in the evenings. It was a simple song, a song about love and loss, about hope and despair. Josef began to hum softly, his voice rough and fragile, but the song carried him back to a time when the world was still full of promises.

As the morning dawned, Josef had fallen asleep, his body succumbing to the sleep that only age can bring. The wind whispered softly through the leaves of the tree, and the sun slowly rose over the horizon. But Josef would no longer see this new day. He had finished his final hunt, the hunt for the lost day, and in the stillness of the night, he had finally found peace.

Der Sturm und der Fischer

Der Himmel war bleiern, als Jakob das kleine Fischerboot auf den See hinaussteuerte. Der Wind wehte kühl über das Wasser, das von dunklen Wolken überschattet wurde, die sich drohend über dem Horizont sammelten. Jakob spürte die Anspannung in seiner Brust, aber er hatte keine Wahl. Es war der letzte Tag der Saison, und er musste fischen. Die Vorräte waren knapp, und die Familie brauchte das Geld. In der Ferne rollte ein tiefes Grollen über den See, das den bevorstehenden Sturm ankündigte.

Jakob warf die Netze mit ruhigen, geübten Bewegungen aus. Er war sein Leben lang Fischer gewesen, so wie sein Vater und dessen Vater vor ihm. Das Wasser war ein Teil von ihm, und er kannte jeden Winkel dieses Sees. Aber heute war es anders. Etwas stimmte nicht. Der Wind war zu stark, die Wellen zu unruhig. Doch Jakob schüttelte den Kopf und konzentrierte sich auf seine Arbeit. Er konnte es sich nicht leisten, umzukehren.

Er zog das Netz ein, das schwerer war als erwartet. Jakob hoffte, dass der Fang gut wäre, dass die Mühen nicht umsonst gewesen waren. Doch als das Netz an die Oberfläche kam, sah er, dass es fast leer war. Nur ein paar kleine Fische zappelten in den Maschen, nicht genug, um den Aufwand zu rechtfertigen. Jakob fluchte leise und warf das Netz erneut aus, weiter draußen, wo er hoffte, dass das Wasser reicher an Leben war.

Der Wind wurde stärker, und der Himmel verdunkelte sich weiter. Die Wellen schlugen hart gegen den Rumpf des Bootes, das unter der Last des Sturms ächzte. Jakob konnte das Knarren des Holzes hören, wie es den Kräften nachgab, die es umgaben. Doch er ließ sich nicht beirren. Er war ein Fischer, und er wusste, dass das Wasser ihm alles geben oder alles nehmen konnte.

Wieder zog er das Netz ein, diesmal mit mehr Anstrengung. Seine Hände zitterten vor Kälte und Anstrengung, aber er ließ nicht los. Doch als das Netz hochkam, war es leer. Keine Fische, nur Tang und Schlamm. Jakob starrte auf das leere Netz, das Wasser, das langsam über den Rand des Bootes schwappte. Er wusste, dass er zurückkehren musste, aber die Verzweiflung hielt ihn gefangen. Ein weiteres Mal würde er es versuchen.

Er warf das Netz aus, jetzt mit einem letzten, verzweifelten Stoß. Der Wind schrie ihm ins Gesicht, und der Regen begann in dicken Tropfen auf ihn herabzuschlagen. Jakob spürte, wie das Boot unter ihm tanzte, unruhig, als wäre es selbst in Panik geraten. Aber er hielt stand, zog das Netz ein, ein letztes Mal.

Es war schwer, schwerer als je zuvor. Jakob zog und zog, seine Muskeln brannten vor Anstrengung. Das Wasser brodelte und zischte, während das Netz langsam an die Oberfläche kam. Und dann sah er es: Ein riesiger Fisch, größer als alles, was er je gefangen hatte, kämpfte in den Maschen des Netzes. Sein silberner Körper funkelte im schwachen Licht, seine Augen blickten wild umher.

Jakob spürte einen Triumph, der ihm neue Kraft gab. Das war der Fang, der alles ändern würde. Mit diesem Fisch würde er genug Geld haben, um seine Familie durch den Winter zu bringen. Er zog das Netz mit aller Kraft an Bord, während der Sturm um ihn herum tobte. Der Fisch schlug wild um sich, das Wasser spritzte in alle Richtungen, aber Jakob ließ nicht los.

Doch das Boot neigte sich gefährlich zur Seite, überladen durch das Gewicht des Fisches und das tobende Wasser. Jakob wusste, dass er alles verlieren könnte, aber er konnte den Fang nicht aufgeben. Er griff nach dem Messer, um das Netz zu durchtrennen und den Fisch zu sichern.

Doch in dem Moment, als er das Messer ansetzte, schoss eine Welle über das Boot und riss ihn von den Füßen.

Das Messer entglitt seiner Hand, und Jakob fiel hart auf das Deck. Der Fisch, der sich in einem letzten verzweifelten Sprung aus dem Netz befreit hatte, glitt über den Rand des Bootes und verschwand in den tosenden Fluten. Jakob kroch zum Rand des Bootes, sein Herz raste vor Schock und Erschöpfung. Er sah, wie die Wellen das Wasser verschlangen, wo eben noch sein Fang gewesen war. Es war alles weg.

Der Regen peitschte ihm ins Gesicht, und der Wind heulte wie ein wildes Tier. Jakob wusste, dass er zurück musste, wenn er überleben wollte. Er griff nach den Rudern, aber der Sturm hatte die Kontrolle über das Boot übernommen. Die Wellen schlugen es hin und her, und er konnte es kaum noch auf Kurs halten. Mit aller Kraft kämpfte er gegen die Naturgewalten an, aber es war ein aussichtsloser Kampf.

Dann, in einem Moment der Stille, bevor die nächste Welle kam, sah Jakob etwas im Wasser. Es war der Fisch, der riesige Fisch, den er gefangen hatte. Er schwamm dicht unter der Oberfläche, als würde er Jakob verspotten. Der alte Fischer fühlte, wie ein Zorn in ihm aufstieg, wie er ihn noch nie zuvor gespürt hatte. Das war sein Fang, sein Erfolg, seine Hoffnung. Und jetzt war es alles verloren.

Jakob ließ das Ruder los und sprang ins Wasser. Es war kalt, eiskalt, und der Sturm riss an ihm, aber er dachte nicht nach. Er schwamm auf den Fisch zu, seine Hände griffen nach dem, was ihm noch bleiben konnte. Doch der Fisch glitt ihm immer wieder durch die Finger, als würde er mit ihm spielen.

Der See war tief, und Jakob spürte, wie die Kälte in seinen Körper kroch. Aber er gab nicht auf. Nicht jetzt. Er kämpfte, trat mit den Füßen und streckte die Hände aus, doch der Fisch war schneller, bewegte sich mit einer Leichtigkeit, die dem Menschen verwehrt war.

In der Ferne hörte er das Knarren seines Bootes, das vom Sturm getrieben über die Wellen tanzte. Es war ein verrücktes Unterfangen, das wusste Jakob. Aber in seinem Herzen wusste er auch, dass er nichts anderes tun konnte. Er hatte alles auf diesen Moment gesetzt, und nun war er hier, mitten im Sturm, mit nichts als einer letzten Hoffnung.

Seine Kräfte ließen nach, und der See verschlang ihn immer weiter. Die Kälte war nun in jeder Faser seines Körpers. Jakob spürte, wie seine Bewegungen langsamer wurden, wie der Fisch immer weiter in die Tiefe glitt, unerreichbar, wie alles andere, was er je gewollt hatte.

Mit einem letzten Aufbäumen versuchte er, nach Luft zu schnappen, die Oberfläche zu erreichen, aber die Wellen schlugen über ihm zusammen. Der Sturm schrie, der See tobte, und Jakob wurde nach unten gezogen, tiefer und tiefer, bis die Welt um ihn herum schwarz wurde.

Der Sturm wütete weiter, und das kleine Fischerboot wurde am Ufer des Sees angespült, leer und verlassen. Die Wolken zogen weiter, und der See beruhigte sich langsam, als wäre nichts geschehen.

Als der Morgen anbrach, war von Jakob nichts mehr zu sehen. Nur das leere Boot, das auf den Wellen trieb, erinnerte an den Mann, der sich dem Sturm gestellt hatte, in der Hoffnung, das Unmögliche zu erreichen.

The Storm and the Fisherman

The sky was leaden as Jakob steered the small fishing boat out onto the lake. The wind blew cool over the water, overshadowed by dark clouds gathering ominously on the horizon. Jakob felt the tension in his chest, but he had no choice. It was the last day of the season, and he had to fish. Supplies were running low, and the family needed the money. In the distance, a deep rumble rolled across the lake, announcing the approaching storm.

Jakob cast the nets with calm, practiced movements. He had been a fisherman all his life, just like his father and his father before him. The water was a part of him, and he knew every inch of this lake. But today was different. Something wasn't right. The wind was too strong, the waves too restless. But Jakob shook his head and focused on his work. He couldn't afford to turn back.

He hauled in the net, heavier than expected. Jakob hoped the catch would be good, that the effort would not have been in vain. But when the net surfaced, he saw that it was almost empty. Only a few small fish flapped in the mesh, not enough to justify the effort. Jakob cursed quietly and cast the net again, farther out, where he hoped the water was richer in life.

The wind picked up, and the sky darkened further. The waves crashed hard against the hull of the boat, creaking under the strain of the storm. Jakob could hear the wood groaning, giving way to the forces surrounding it. But he was undeterred. He was a fisherman, and he knew that the water could give him everything or take everything away.

Again, he hauled in the net, this time with more effort. His hands trembled with cold and exhaustion, but he didn't let go. But when the net came up, it was empty. No fish, just seaweed and mud. Jakob stared at the empty net, at the water slowly spilling over the edge of the boat. He knew he had to return, but desperation held him captive. One more time, he would try.

He cast the net, now with a final, desperate push. The wind screamed in his face, and the rain began to fall in thick drops. Jakob felt the boat dancing beneath him, restless as if it too had panicked. But he stood firm, hauling in the net one last time.

It was heavy, heavier than ever before. Jakob pulled and pulled, his muscles burning with the effort. The water boiled and hissed as the net slowly came to the surface. And then he saw it: a massive fish, larger than anything he had ever caught, struggling in the mesh of the net. Its silver body sparkled in the faint light, its eyes wild.

Jakob felt a triumph that gave him new strength. This was the catch that would change everything. With this fish, he would have enough money to see his family through the winter. He hauled the net onto the boat with all his might as the storm raged around him. The fish thrashed wildly, water spraying in all directions, but Jakob didn't let go.

But the boat tilted dangerously to the side, overloaded by the weight of the fish and the raging water. Jakob knew he could lose everything, but he couldn't give up the catch. He reached for the knife to cut the net and secure the fish. But the moment he set the knife, a wave crashed over the boat and knocked him off his feet.

The knife slipped from his hand, and Jakob fell hard onto the deck. The fish, freed in a final desperate leap from the net, slid over the edge of the boat and disappeared into the roaring waves. Jakob crawled to the edge of the boat, his heart racing from shock and exhaustion. He watched as the waves swallowed the water where his catch had just been. It was all gone.

The rain lashed his face, and the wind howled like a wild animal. Jakob knew he had to return if he wanted to survive. He reached for the oars, but the storm had taken control of the boat. The waves tossed it back and forth, and he could barely keep it on course. With all his strength, he fought against the forces of nature, but it was a losing battle.

Then, in a moment of silence before the next wave came, Jakob saw something in the water. It was the fish, the massive fish he had caught. It swam just below the surface as if mocking Jakob. The old fisherman felt a rage rise in him like he had never felt before. That was his catch, his success, his hope. And now it was all lost.

Jakob let go of the oar and jumped into the water. It was cold, ice cold, and the storm tore at him, but he didn't think. He swam toward the fish, his hands reaching for what little remained. But the fish kept slipping through his fingers as if playing with him.

The lake was deep, and Jakob felt the cold creeping into his body. But he didn't give up. Not now. He fought, kicked with his feet, and stretched out his hands, but the fish was faster, moving with a grace denied to man.

In the distance, he heard the creaking of his boat, driven by the storm over the waves. It was a mad endeavor, Jakob knew that. But in his heart, he also knew that he couldn't do anything else. He had staked everything on this moment, and now he was here, in the middle of the storm, with nothing but one last hope.

His strength waned, and the lake swallowed him further. The cold was now in every fiber of his being. Jakob felt his movements slow, the fish slipping further into the depths, unreachable, like everything else he had ever wanted.

With one last effort, he tried to catch his breath, to reach the surface, but the waves crashed over him. The storm screamed, the lake raged, and

Jakob was pulled down, deeper and deeper until the world around him went black.

The storm raged on, and the small fishing boat was washed ashore, empty and abandoned. The clouds moved on, and the lake slowly calmed as if nothing had happened.

When morning came, there was no sign of Jakob. Only the empty boat, drifting on the waves, reminded of the man who had faced the storm, hoping to achieve the impossible.

Die Letzte Reise

Karl saß in dem kleinen, verrauchten Raum und starrte auf die Landkarte, die auf dem Tisch vor ihm ausgebreitet war. Das Licht der alten Lampe flackerte und warf unruhige Schatten über das vergilbte Papier. Es war eine alte Karte, die Kanten waren abgenutzt, die Farben verblasst. Sie hatte ihn viele Jahre lang begleitet, auf vielen Reisen, zu vielen Orten. Aber nun war sie nur noch eine Erinnerung an eine Zeit, die längst vergangen war.

Karl war müde. Nicht nur körperlich, sondern auch geistig. Es war eine Müdigkeit, die tief in seinen Knochen saß, die sich über Jahre aufgebaut hatte. Er war einmal ein Abenteurer gewesen, ein Mann, der die Welt sehen wollte, der die Weite der Ozeane und die Höhe der Berge spüren wollte. Aber jetzt, in dieser winzigen, stickigen Hütte am Ende der Welt, fühlte er sich leer.

Die Welt draußen schien ihn nicht mehr zu rufen. Die Küste, die er von seinem Fenster aus sehen konnte, war kalt und abweisend. Die Wellen schlugen gegen die Felsen, der Wind heulte durch die Kiefern, und der Himmel war grau und schwer. Es war ein Bild, das er in den letzten Monaten tausendmal gesehen hatte, ohne dass es jemals seine Aufmerksamkeit wirklich erregt hätte.

Er hatte genug von Abenteuern. Die Jahre hatten ihm mehr genommen als gegeben. Er hatte Freunde verloren, hatte Orte gesehen, die ihn mehr enttäuschten als inspirierten. Er hatte Dinge getan, auf die er nicht stolz war, hatte Entscheidungen getroffen, die ihn bis heute verfolgten. Aber das war der Preis, den man zahlte, wenn man lebte, wenn man wirklich lebte.

Er nahm einen tiefen Schluck aus der Flasche vor ihm, spürte, wie der bittere Alkohol seine Kehle hinabbrannte, und ließ die Erinnerungen aufsteigen. Es gab so viele Orte, an die er nicht mehr zurückkehren konnte, so viele Menschen, die er nie wiedersehen würde. Die Jahre hatten sie alle verblassen lassen, wie die Farben auf der Karte. Und er wusste, dass er jetzt am Ende angekommen war.

Es gab noch einen letzten Ort, den er besuchen musste. Einen Ort, von dem er gehofft hatte, dass er ihn nie erreichen würde. Karl wusste, dass dieser Ort das Ende der Reise war, das Ende von allem. Er war ihm immer ausgewichen, hatte ihn aufgeschoben, hatte so getan, als würde es ihn nicht betreffen. Aber jetzt war es Zeit. Es war die letzte Reise, die er antreten musste.

Langsam stand er auf und zog seinen alten Mantel über. Er war schwer und warm, ein Mantel, der viele Winter überstanden hatte. Er fühlte die vertraute Schwere auf seinen Schultern und spürte, wie sie ihn hinunterzog. Aber er ließ sich nicht beirren. Es war Zeit zu gehen.

Die Kälte draußen war schneidend, der Wind trieb den Schnee in wirbelnden Böen über das Land. Karl zog den Kragen seines Mantels hoch und setzte den Hut tief ins Gesicht. Die Welt schien still zu sein, als er die Hütte verließ und den Pfad hinunter zum Strand nahm. Es war ein vertrauter Weg, den er viele Male gegangen war, aber heute fühlte er sich anders an. Es war, als würde der Weg ein eigenes Leben führen, als würde er Karl dorthin führen, wo er sein musste.

Der Strand war menschenleer, die Felsen scharf und kalt. Die Wellen schlugen hart gegen das Ufer, und der Wind riss an den Bäumen, die sich auf den Klippen festhielten. Karl blieb stehen und sah hinaus auf das graue Meer. Es war ein Anblick, der ihm keine Ruhe brachte, aber das musste er auch nicht. Ruhe war etwas, das er schon lange nicht mehr gekannt hatte.

Langsam ging er weiter, seine Schritte waren schwer und mühsam. Er wusste, dass er sich der Klippe nähern musste, dem Ort, den er immer vermieden hatte. Es war der höchste Punkt des Landes, ein Ort, von dem man alles sehen konnte – das Meer, den Himmel, die Welt, die er hinter sich gelassen hatte. Aber es war auch ein Ort, von dem es keinen Rückweg gab.

Als er die Klippe erreichte, blieb Karl stehen. Der Wind war hier oben stärker, zerrte an seinem Mantel, versuchte, ihn aus dem Gleichgewicht zu bringen. Aber Karl stand fest, die Füße in den Boden gegraben, den Blick auf das endlose Meer gerichtet. Es war ein Moment, den er lange hinausgezögert hatte, aber jetzt war er da, und er konnte nicht mehr zurück.

Er dachte an all die Dinge, die er in seinem Leben gesehen und erlebt hatte. An die Menschen, die ihn begleitet hatten, an die Orte, die ihn fasziniert hatten. Er dachte an die Fehler, die er gemacht hatte, an die Momente, die er nicht zurückholen konnte. Aber es war nichts, was er bereute. Es war ein Leben gewesen, das er gelebt hatte, in all seinen Facetten, in all seiner Schönheit und Hässlichkeit.

Karl spürte, wie der Wind nachließ, wie die Welt um ihn herum stiller wurde. Es war, als ob die Zeit für einen Moment anhielt, als ob die Welt ihn gehen lassen würde. Er wusste, dass er bereit war. Es gab keinen Grund mehr zu warten.

Mit einem letzten Blick auf das Meer trat Karl nach vorne. Die Schwere verließ ihn, die Müdigkeit fiel von ihm ab, und er fühlte sich leicht wie nie zuvor. Es war kein Schmerz, nur eine Stille, die ihn umfing, als er fiel. Und in dieser Stille fand er endlich den Frieden, den er so lange gesucht hatte.

Der Wind heulte weiter über die Klippen, die Wellen schlugen unaufhörlich gegen die Felsen, und der Schnee fiel weiter in dichten

Flocken. Aber Karl war nicht mehr da. Er war fort, und mit ihm die Jahre der Unruhe, die Lasten, die ihn so lange begleitet hatten.

Die Letzte Reise war vorbei.

The Last Journey

Karl sat in the small, smoky room, staring at the map spread out on the table before him. The light from the old lamp flickered, casting restless shadows over the yellowed paper. It was an old map, its edges worn, the colors faded. It had accompanied him for many years, on many journeys, to many places. But now it was just a reminder of a time long past.

Karl was tired. Not just physically, but mentally. It was a weariness that sat deep in his bones, built up over the years. He had once been an adventurer, a man who wanted to see the world, to feel the vastness of the oceans and the height of the mountains. But now, in this tiny, stuffy cabin at the end of the world, he felt empty.

The world outside seemed no longer to call to him. The coast he could see from his window was cold and forbidding. The waves crashed against the rocks, the wind howled through the pines, and the sky was gray and heavy. It was a scene he had seen a thousand times in the past months, without ever really capturing his attention.

He had had enough of adventures. The years had taken more from him than they had given. He had lost friends, seen places that disappointed him more than they inspired him. He had done things he wasn't proud of, made decisions that haunted him to this day. But that was the price you paid for living, for truly living.

He took a deep swig from the bottle in front of him, feeling the bitter alcohol burn down his throat, and let the memories rise. There were so many places he could never return to, so many people he would never see again. The years had made them all fade away, like the colors on the map. And he knew that now he had reached the end.

There was one last place he needed to visit. A place he had hoped he would never have to reach. Karl knew that this place was the end of the journey, the end of everything. He had always avoided it, postponed it, pretended it didn't concern him. But now it was time. It was the last journey he had to undertake.

Slowly he stood up and pulled on his old coat. It was heavy and warm, a coat that had survived many winters. He felt the familiar weight on his shoulders and felt it pulling him down. But he wasn't deterred. It was time to go.

The cold outside was biting, the wind whipping the snow in swirling gusts across the land. Karl pulled up the collar of his coat and set his hat deep over his face. The world seemed still as he left the cabin and took the path down to the beach. It was a familiar path he had walked many times, but today it felt different. It was as if the path had a life of its own, as if it was leading Karl to where he needed to be.

The beach was deserted, the rocks sharp and cold. The waves crashed hard against the shore, and the wind tugged at the trees clinging to the cliffs. Karl stopped and looked out at the gray sea. It was a sight that brought him no peace, but it didn't have to. Peace was something he hadn't known for a long time.

Slowly he walked on, his steps heavy and labored. He knew he had to approach the cliff, the place he had always avoided. It was the highest point of the land, a place from which one could see everything – the sea, the sky, the world he had left behind. But it was also a place from which there was no return.

When he reached the cliff, Karl stopped. The wind was stronger up here, pulling at his coat, trying to unbalance him. But Karl stood firm, his feet planted in the ground, his gaze fixed on the endless sea. It was a moment he had long postponed, but now he was here, and there was no turning back.

He thought about all the things he had seen and experienced in his life. The people who had accompanied him, the places that had fascinated him. He thought about the mistakes he had made, the moments he could not reclaim. But there was nothing he regretted. It had been a life lived, in all its facets, in all its beauty and ugliness.

Karl felt the wind ease, the world around him growing quieter. It was as if time paused for a moment, as if the world would let him go. He knew he was ready. There was no need to wait any longer.

With one last look at the sea, Karl stepped forward. The weight left him, the weariness fell away, and he felt lighter than ever before. There was no pain, only a silence that enveloped him as he fell. And in that silence, he finally found the peace he had been seeking for so long.

The wind howled on over the cliffs, the waves crashed endlessly against the rocks, and the snow continued to fall in thick flakes. But Karl was no longer there. He was gone, and with him, the years of unrest, the burdens that had accompanied him for so long.

The last journey was over.

Ein Tag im Paradies

Es war ein klarer Morgen, als Johann aufwachte. Die Sonne schien durch das kleine Fenster seines einfachen Bauernhauses und tauchte den Raum in ein sanftes Licht. Johann streckte sich, hörte das Knarren der Dielen unter seinen Füßen und das leise Plätschern des Bachs vor dem Haus. Er lächelte, denn heute war ein besonderer Tag. Es war der Tag, an dem er den Himmel auf Erden erleben wollte.

Die Bauernarbeit war hart, das wusste Johann nur zu gut. Die Felder waren weit und die Arbeit nie zu Ende. Doch heute hatte er sich vorgenommen, eine Pause einzulegen und das Leben in seiner Einfachheit zu genießen. Er ging nach draußen, schloss die Tür hinter sich und atmete tief die frische Morgenluft ein. Die Luft war kühl, und der Duft von feuchtem Gras und frisch gebackenem Brot lag in der Luft.

Johann nahm sich vor, heute zu wandern. Die Wälder hinter dem Dorf waren dicht und geheimnisvoll, und er hatte schon lange nicht mehr das Bedürfnis verspürt, ihnen nachzugehen. Er zog seine alten Stiefel an, schnallte den Rucksack auf und machte sich auf den Weg. Der Pfad war bekannt, aber jede Wanderung brachte neue Entdeckungen.

Als er den Wald betrat, umfing ihn die Ruhe der Natur. Die Vögel sangen, und das Rascheln der Blätter war wie eine sanfte Melodie. Johann ging gemächlich, ließ seine Gedanken schweifen und genoss die Stille. Er wusste, dass die Welt außerhalb der Wälder voller Hektik war, voller Menschen, die sich hetzten und kämpften. Aber hier, inmitten der Natur, schien die Zeit stillzustehen.

Der Pfad führte ihn zu einer kleinen Lichtung, die von hohen Bäumen umgeben war. In der Mitte der Lichtung stand ein alter Baum, seine Äste weit ausgebreitet wie ein schützendes Dach. Johann setzte sich unter den

Baum, lehnte sich zurück und schloss die Augen. Die Sonnenstrahlen drangen durch die Blätter und wärmten sein Gesicht. Hier, in dieser stillen Ecke der Welt, fand er Frieden.

Er öffnete die Augen und sah die kleinen Details um sich herum: die kleinen Blumen, die zwischen dem Gras wuchsen, die Schmetterlinge, die um ihn herumflatterten. Es war ein Moment der Einfachheit, der Schönheit. Johann dachte darüber nach, wie oft er diese Dinge übersehen hatte, wie oft er nur die großen Ziele und Träume verfolgt hatte, ohne die kleinen Freuden des Lebens zu schätzen.

Er holte aus seinem Rucksack ein einfaches Mittagessen hervor: ein Stück Brot, etwas Käse und einen Apfel. Während er aß, schaute er auf die Lichtung, die sich vor ihm ausbreitete. Der Wind spielte sanft mit den Blättern, und die Wärme der Sonne machte die Mahlzeit zu einem kleinen Fest. Johann fühlte sich zufrieden, glücklich auf eine Weise, die er lange nicht mehr erlebt hatte.

Nach dem Mittagessen stand er auf und ging weiter. Der Pfad führte ihn zu einem kleinen See, der in der Sonne funkelte wie ein Diamant. Johann setzte sich ans Ufer und tauchte seine Füße ins Wasser. Es war erfrischend und klar, und er ließ sich von den sanften Wellen einlullen. Der See war umgeben von Wiesen und Bäumen, die sich in einer perfekten Harmonie vereinten.

Während er dort saß, kamen ihm Erinnerungen an seine Kindheit. An die Tage, als er mit seinen Freunden in den Wäldern gespielt hatte, an die Sommer, die er am See verbracht hatte. Diese Erinnerungen waren wie kleine Schätze, die er lange nicht mehr beachtet hatte. Er lächelte, als er an die Unbeschwertheit der Kinderjahre dachte, an die Zeit, als die Welt noch einfach und voller Wunder war.

Als die Sonne begann, sich dem Horizont zuzuneigen, machte Johann sich auf den Rückweg. Der Himmel färbte sich in sanften Orange- und

Rottönen, und die Landschaft wurde von einem goldenen Glanz erfüllt. Er ging langsam, um den Anblick so lange wie möglich zu genießen. Der Tag neigte sich dem Ende zu, und Johann wusste, dass er bald wieder in der Hektik des Alltags stehen würde.

Aber heute war etwas anders. Heute hatte er die Einfachheit des Lebens erfahren, die Schönheit in den kleinen Dingen gefunden. Er hatte die Welt mit anderen Augen gesehen und wusste nun, dass Glück nicht immer in großen Ereignissen oder materiellen Dingen lag. Es lag in den kleinen Momenten, in den einfachen Freuden, die oft übersehen wurden.

Als Johann nach Hause kam, war es bereits dunkel, und die ersten Sterne funkelten am Himmel. Er öffnete die Tür zu seinem kleinen Haus und ließ sich auf dem Bett nieder. Er fühlte sich zufrieden, nicht nur wegen des schönen Tages, sondern auch, weil er einen Teil von sich selbst wiedergefunden hatte, den er lange verloren geglaubt hatte.

Er schloss die Augen und dachte darüber nach, wie wichtig es war, sich Zeit zu nehmen, um die Welt um sich herum wahrzunehmen. Die einfachen Dinge im Leben hatten ihm heute gezeigt, dass Glück oft ganz nah war, dass es in den kleinen Momenten zu finden war, die so oft im Trubel des Lebens verloren gingen.

Johann schlief ein mit einem Gefühl der Dankbarkeit. Er wusste, dass die Welt voller Herausforderungen war, dass das Leben oft schwierig sein konnte. Aber er hatte gelernt, dass das Glück manchmal in den einfachsten Momenten zu finden war, in der Stille eines Waldes, in der Wärme der Sonne, in der Klarheit eines Sees. Und das war genug für ihn. Heute hatte er das Paradies auf Erden gefunden, und es war in den einfachen Freuden des Lebens verborgen.

A Day in Paradise

It was a clear morning when Johann awoke. The sun shone through the small window of his simple farmhouse, bathing the room in a gentle light. Johann stretched, hearing the creaking of the floorboards beneath his feet and the faint murmur of the stream outside. He smiled, for today was a special day. It was the day he wanted to experience heaven on earth.

Farm work was hard, Johann knew that well. The fields were vast and the labor never-ending. Yet today he had decided to take a break and enjoy life in its simplicity. He stepped outside, closed the door behind him, and took a deep breath of the fresh morning air. The air was cool, and the scent of damp grass and freshly baked bread filled the air.

Johann planned to go for a hike. The woods behind the village were dense and mysterious, and he had long felt the need to explore them. He put on his old boots, strapped on his backpack, and set out. The path was familiar, but every hike brought new discoveries.

As he entered the forest, the tranquility of nature enveloped him. Birds sang, and the rustling of the leaves was like a gentle melody. Johann walked slowly, letting his thoughts wander and enjoying the silence. He knew that the world outside the woods was full of hustle and bustle, of people rushing and struggling. But here, amid nature, time seemed to stand still.

The path led him to a small clearing surrounded by tall trees. In the center of the clearing stood an old tree, its branches spread wide like a protective canopy. Johann sat down beneath the tree, leaned back, and closed his eyes. Sunlight filtered through the leaves, warming his face. Here, in this quiet corner of the world, he found peace.

He opened his eyes and observed the small details around him: the tiny flowers growing among the grass, the butterflies fluttering nearby. It was a moment of simplicity, of beauty. Johann reflected on how often he had overlooked these things, how often he had chased only grand goals and dreams without appreciating the small joys of life.

He took out a simple lunch from his backpack: a piece of bread, some cheese, and an apple. As he ate, he looked at the clearing before him. The wind played gently with the leaves, and the warmth of the sun made the meal a small feast. Johann felt content, happy in a way he hadn't experienced for a long time.

After lunch, he stood up and continued walking. The path led him to a small lake that sparkled like a diamond in the sun. Johann sat by the shore and dipped his feet into the water. It was refreshing and clear, and he let the gentle waves soothe him. The lake was surrounded by meadows and trees, merging in perfect harmony.

As he sat there, memories of his childhood came to him. The days he had played in the woods with friends, the summers spent by the lake. These memories were like little treasures he had long neglected. He smiled as he thought of the carefree days of his youth, when the world was still simple and full of wonders.

As the sun began to set, Johann made his way back. The sky turned soft shades of orange and red, and the landscape was bathed in a golden glow. He walked slowly, savoring the view for as long as he could. The day was drawing to a close, and Johann knew he would soon be back in the hustle of daily life.

But today was different. Today he had experienced the simplicity of life, found beauty in the small things. He had seen the world with new eyes and realized that happiness did not always lie in grand events or material things. It lay in the small moments, in the simple joys that were often overlooked.

When Johann arrived home, it was already dark, and the first stars were twinkling in the sky. He opened the door to his small house and lay down on the bed. He felt content, not only because of the beautiful day but also because he had rediscovered a part of himself he had long thought lost.

He closed his eyes and thought about how important it was to take the time to notice the world around him. The simple things in life had shown him today that happiness was often close by, found in the small moments that were so often lost in the rush of life.

Johann fell asleep with a sense of gratitude. He knew the world was full of challenges, that life could often be difficult. But he had learned that happiness could sometimes be found in the simplest of moments, in the stillness of a forest, in the warmth of the sun, in the clarity of a lake. And that was enough for him. Today, he had found paradise on earth, hidden in the simple joys of life.

Der Letzte Tanz

Anastasia saß allein in der kleinen Garderobe des Theaters. Das weiche Licht der Schminktischlampe erhellte ihr Gesicht und warf lange Schatten auf die Wände. Der Raum war still, nur das leise Summen des alten Lüfters störte die Stille. Draußen war es bereits dunkel, und das Treiben der Stadt war weit entfernt. Die Vorstellung war vorbei, und der Applaus, der noch vor einer Stunde durch die großen Hallen gehallt hatte, war verstummt. Sie war nun allein mit ihren Gedanken.

Ihr Blick fiel auf die Ballettschuhe, die neben dem Spiegel lagen. Sie waren abgenutzt, das Satin war an den Spitzen zerfranst, und die Sohlen waren vom Tanzen auf der Bühne geglättet. Diese Schuhe hatten sie auf vielen Reisen begleitet, bei unzähligen Auftritten in großen Städten und in kleinen, fast vergessenen Theatern. Sie waren ein Teil von ihr, ein Symbol für die Hingabe, die sie dem Tanz gewidmet hatte. Doch heute, nach dieser letzten Vorstellung, schienen sie schwerer als je zuvor.

Anastasia stand auf und trat vor den Spiegel. Sie war nicht mehr die junge Tänzerin, die sie einst gewesen war. Die Jahre hatten ihre Spuren hinterlassen. Ihre einst strahlenden Augen wirkten müde, und die Linien ihres Gesichts erzählten von den Anstrengungen und den Opfern, die sie gebracht hatte. Aber trotz all der Jahre und all der Schmerzen liebte sie den Tanz immer noch. Es war ihre Leidenschaft, ihre Lebensaufgabe, das, was sie am meisten erfüllte. Doch heute war etwas anders. Heute fühlte sie eine unerwartete Schwere in ihrem Herzen, eine Melancholie, die sie nicht vertreiben konnte.

Der Tanz war ihr Leben gewesen, aber er hatte ihr auch vieles genommen. Die Einsamkeit war ein ständiger Begleiter gewesen. Während andere ihr Leben lebten, hatte sie geprobt, trainiert, immer auf der Suche nach Perfektion. Beziehungen waren gekommen und gegangen, Freundschaften hatten sich im Nichts aufgelöst. Es war ein Preis, den sie bereitwillig bezahlt hatte, weil sie glaubte, dass das Streben nach dem Höchsten sie glücklich machen würde. Doch heute stellte sie sich die Frage, ob es das wirklich war.

Sie dachte an die jüngeren Tänzerinnen im Ensemble, die sie heute Abend bewundert hatten. Für sie war Anastasia eine Legende, ein Vorbild, eine unerreichbare Größe. Aber sie wussten nichts von den Zweifeln, die sie quälten. Sie sahen nur die perfekte Fassade, die Glanz und Ruhm, die die Bühne ihnen präsentierte. Sie wussten nicht, wie es war, allein zu sein, nachdem der Vorhang gefallen war, wenn das Adrenalin nachließ und die Leere blieb.

Anastasia setzte sich wieder an den Schminktisch und betrachtete die Fotos, die den Rand des Spiegels säumten. Sie zeigten sie in ihren glanzvollen Momenten, eingefroren in der Zeit. Momente, in denen sie auf der Bühne stand, das Licht auf ihr, der Applaus donnernd. Aber kein Foto zeigte die einsamen Stunden danach, die Momente, in denen sie sich fragte, ob das alles war, was das Leben zu bieten hatte.

Heute Abend hatte sie ihren letzten Tanz getanzt. Es war kein öffentlicher Abschied gewesen, keine große Ankündigung. Es war ihre eigene Entscheidung gewesen, ein stiller Entschluss, den sie nur mit sich selbst geteilt hatte. Sie hatte beschlossen, dass es genug war. Genug Applaus, genug Perfektion, genug von dem ständigen Streben nach einem Ideal, das immer unerreichbar blieb.

Sie fühlte eine Träne über ihre Wange rollen, aber sie wischte sie nicht weg. Es war keine Träne des Bedauerns, sondern eine Träne der Erleichterung. Sie hatte getan, was sie tun musste, sie hatte ihr Leben dem Tanz gewidmet, und sie hatte alles gegeben, was sie geben konnte. Jetzt war es an der Zeit, etwas anderes zu finden, eine andere Art von Glück, die nicht von der Anerkennung anderer abhängig war.

Langsam stand sie auf und zog sich um. Sie legte die Ballettschuhe zur Seite, als würde sie einen alten Freund verabschieden. Sie war sich bewusst, dass sie diesen Teil ihres Lebens für immer hinter sich ließ. Aber es war ein Abschied, der notwendig war, um Platz für etwas Neues zu schaffen. Etwas, das sie noch nicht kannte, aber das auf sie wartete.

Als sie das Theater verließ und in die kalte Nacht hinaustrat, fühlte sie sich leicht. Der Wind wehte durch ihre Haare, und die Stille der Stadt umhüllte sie wie eine sanfte Decke. Es war eine ungewohnte Ruhe, eine, die sie lange nicht gespürt hatte. Aber sie war willkommen. Sie ging die Straße entlang, ohne ein bestimmtes Ziel, einfach nur, um zu gehen. Jede ihrer Schritte fühlte sich wie ein kleiner Neuanfang an, ein Schritt weg von der Vergangenheit, hin zu einem Leben, das sie noch nicht kannte.

Anastasia lächelte. Es war ein echtes, ehrliches Lächeln, eines, das nicht für die Bühne bestimmt war, sondern nur für sie selbst. Sie wusste, dass sie nicht wusste, wohin dieser neue Weg führen würde, aber das war in Ordnung. Es gab keine Eile, kein Ziel, das erreicht werden musste. Zum ersten Mal in vielen Jahren konnte sie einfach sein.

In dieser Nacht fand sie ihr Glück nicht auf der Bühne, nicht im Applaus oder in der Anerkennung anderer. Sie fand es in der Freiheit, in der Ungewissheit, in der Möglichkeit, ein Leben außerhalb des Tanzes zu führen. Es war ein einfaches Glück, eines, das aus der Erkenntnis kam, dass das Leben mehr zu bieten hatte, als sie jemals gedacht hatte.

Anastasia atmete tief ein und ließ die kalte Luft ihre Lungen füllen. Sie wusste, dass es nicht leicht sein würde, dass es Tage geben würde, an denen sie den Tanz vermissen würde, an denen sie sich nach der Bühne sehnen würde. Aber sie wusste auch, dass es sich lohnen würde, dass sie auf dem richtigen Weg war. Sie war bereit, das Unbekannte zu umarmen, bereit, sich auf das einzulassen, was kommen würde.

Und so ging sie weiter, die Nacht in der Stadt war still, und die Sterne leuchteten am klaren Himmel. Anastasia wusste, dass dies der Beginn einer neuen Reise war, einer Reise, die sie zu einem Glück führen würde, das sie noch nie gekannt hatte. Und in diesem Moment war das genug.

The Last Dance

———

Anastasia sat alone in the small dressing room of the theater. The soft light of the vanity lamp illuminated her face and cast long shadows on the walls. The room was quiet, only the faint hum of the old fan disturbed the silence. Outside, it was already dark, and the bustle of the city was far away. The performance was over, and the applause that had echoed through the grand halls an hour ago had faded. She was now alone with her thoughts.

Her gaze fell on the ballet shoes lying next to the mirror. They were worn, the satin frayed at the tips, and the soles smoothed from dancing on the stage. These shoes had accompanied her on many journeys, at countless performances in large cities and in small, almost forgotten theaters. They were a part of her, a symbol of the dedication she had given to dance. But today, after this final performance, they seemed heavier than ever before.

Anastasia stood and stepped before the mirror. She was no longer the young dancer she once was. The years had left their mark. Her once bright eyes appeared tired, and the lines of her face told of the struggles and sacrifices she had made. But despite all the years and all the pain, she still loved dance. It was her passion, her life's work, what fulfilled her the most. Yet today, something was different. Today, she felt an unexpected heaviness in her heart, a melancholy she could not shake.

Dance had been her life, but it had also taken much from her. Loneliness had been a constant companion. While others lived their lives, she had rehearsed, trained, always in pursuit of perfection. Relationships had come and gone, friendships had faded into nothing. It was a price she had willingly paid, believing that striving for the highest would bring her happiness. But today, she questioned whether it really had.

She thought of the younger dancers in the ensemble who had admired her tonight. To them, Anastasia was a legend, a role model, an unattainable figure. But they knew nothing of the doubts that tormented her. They only saw the perfect facade, the glamour and fame that the stage presented. They didn't know what it was like to be alone after the curtain fell, when the adrenaline faded and the emptiness remained.

Anastasia sat back at the vanity and looked at the photos lining the edge of the mirror. They showed her in her glorious moments, frozen in time. Moments when she stood on stage, the light on her, the applause thunderous. But no photo showed the lonely hours afterward, the moments when she wondered if that was all life had to offer.

Tonight, she had danced her last dance. It had not been a public farewell, no grand announcement. It had been her own decision, a quiet resolve shared only with herself. She had decided it was enough. Enough applause, enough perfection, enough of the constant striving for an ideal that always remained out of reach.

She felt a tear roll down her cheek, but she didn't wipe it away. It was not a tear of regret, but one of relief. She had done what she needed to do, had devoted her life to dance, and had given all she could give. Now it was time to find something else, a different kind of happiness that wasn't dependent on the recognition of others.

Slowly, she stood up and changed her clothes. She set aside the ballet shoes, as if bidding farewell to an old friend. She was aware that she was leaving this part of her life behind forever. But it was a necessary farewell, one that would make room for something new. Something she didn't yet know, but that was waiting for her.

As she left the theater and stepped into the cold night, she felt light. The wind blew through her hair, and the city's quiet enveloped her like a gentle blanket. It was an unfamiliar calm, one she hadn't felt in a long time. But it was welcome. She walked down the street, with no particular destination, just to walk. Each step felt like a small new beginning, a step away from the past, toward a life she didn't yet know.

Anastasia smiled. It was a real, honest smile, one that wasn't meant for the stage but for herself. She knew that she didn't know where this new path would lead, but that was okay. There was no rush, no goal that needed to be reached. For the first time in many years, she could just be.

That night, she found her happiness not on the stage, not in the applause or the recognition of others. She found it in freedom, in uncertainty, in the possibility of a life beyond dance. It was a simple happiness, one that came from the realization that life had more to offer than she had ever imagined.

Anastasia took a deep breath, letting the cold air fill her lungs. She knew it wouldn't be easy, that there would be days when she would miss dance, when she would long for the stage. But she also knew it would be worth it, that she was on the right path. She was ready to embrace the unknown, ready to accept whatever was to come.

And so she continued walking, the night in the city was quiet, and the stars shone in the clear sky. Anastasia knew that this was the beginning of a new journey, one that would lead her to a happiness she had never known. And in that moment, that was enough.

Ein Neuer Morgen

Der Morgen war kalt und still. Der Himmel hatte noch die Dunkelheit der Nacht in sich, nur ein schwaches, blasses Licht am Horizont kündigte den kommenden Tag an. Jakob stand allein auf der kleinen Anhöhe, sein Blick war fest auf den Osten gerichtet. Er konnte die Kälte in seinen Knochen spüren, das Gras unter seinen Füßen war feucht vom Tau, der sich über Nacht auf die Felder gelegt hatte. Aber er bemerkte es kaum. Seine Gedanken waren woanders.

Es war lange her, seit Jakob das letzte Mal einen Sonnenaufgang bewusst erlebt hatte. Früher war er oft früh aufgestanden, um den ersten Lichtstrahl des Tages zu sehen, das sanfte Aufbrechen der Nacht, das Versprechen eines neuen Anfangs. Doch das Leben hatte ihn verändert. Die Last der Jahre, die Entscheidungen, die er getroffen hatte, die Wege, die er eingeschlagen hatte – all das hatte die Welt für ihn dunkler gemacht. Der Sonnenaufgang war zu etwas Gewöhnlichem geworden, etwas, das er nicht mehr beachtete. Aber heute war es anders. Heute brauchte er das Licht.

Es war ein schwerer Winter gewesen, nicht nur wegen der Kälte. In den letzten Monaten hatte Jakob mehr verloren, als er je für möglich gehalten hätte. Menschen, die ihm wichtig waren, Träume, die er aufgegeben hatte. Die Dunkelheit hatte sich in ihm ausgebreitet, und er wusste nicht mehr, wie er den Weg zurückfinden sollte. Aber an diesem Morgen, auf dieser Anhöhe, suchte er nach etwas – einem Zeichen, einem Funken Hoffnung, etwas, das ihm zeigte, dass es weitergehen könnte.

Die ersten Strahlen der Sonne brachen durch die Dunkelheit, als Jakob tief durchatmete. Er spürte, wie die Luft sich veränderte, wärmer wurde. Es war, als ob die Welt einen neuen Atemzug nahm, als ob alles um ihn herum für einen Moment innehielt, um den Beginn des Tages zu begrüßen. Der Himmel über ihm begann sich zu färben, von einem dunklen Blau zu einem hellen Orange, das sich langsam über die Felder erstreckte. Die Stille der Nacht wurde von den ersten Vogelrufen durchbrochen, und Jakob konnte das Leben spüren, das mit dem Licht erwachte.

Er dachte an all die Sonnenaufgänge, die er verpasst hatte, all die Morgen, an denen er sich in den Dunkelheiten seiner eigenen Gedanken verloren hatte. Wie oft hatte er die Chance verpasst, einen neuen Anfang zu sehen, weil er in der Vergangenheit gefangen war? Er hatte so sehr an dem festgehalten, was gewesen war, dass er das, was vor ihm lag, nicht mehr wahrgenommen hatte. Aber in diesem Moment, als die Sonne den Horizont überquerte, wusste er, dass es nicht zu spät war.

Der Tag hatte begonnen, und mit ihm kam eine neue Möglichkeit. Jakob spürte, wie die Wärme der Sonne seine Haut berührte, und mit ihr kam eine Art Frieden, den er lange nicht mehr gekannt hatte. Es war ein stiller Frieden, der nicht von außen kam, sondern von innen, ein Gefühl, das ihn daran erinnerte, dass das Leben trotz allem weiterging. Der Sonnenaufgang war kein Ende, sondern ein Anfang, ein Versprechen, dass jeder Tag neu beginnen konnte, wenn man es zuließ.

Er sah hinunter auf die Felder, die sich unter ihm ausbreiteten, das Dorf in der Ferne, das langsam zum Leben erwachte. Die Menschen dort würden bald aufstehen, ihren Tag beginnen, ohne sich bewusst zu sein, wie besonders dieser Moment war. Für sie war es nur ein weiterer Morgen, ein weiteres Erwachen. Aber für Jakob war es mehr. Es war eine Erinnerung daran, dass das Leben nicht in den schweren Momenten endet, sondern in den kleinen, unscheinbaren Augenblicken, die uns wieder aufrichten.

Die Sonne stieg höher, das Licht wurde stärker, und mit ihm kamen die Geräusche des Tages. Jakob wusste, dass er zurückkehren musste, dass die Welt auf ihn wartete. Aber er war bereit. Zum ersten Mal seit langer Zeit fühlte er sich nicht überwältigt von dem, was vor ihm lag. Er hatte das Licht gesehen, das Versprechen, das es mit sich brachte, und er war bereit, dieses Versprechen anzunehmen.

Mit einem letzten Blick auf den Sonnenaufgang drehte Jakob sich um und machte sich auf den Weg zurück ins Dorf. Der Tag hatte begonnen, und er wusste, dass er die Chance hatte, ihn zu nutzen. Die Dunkelheit der letzten Monate war noch nicht verschwunden, aber sie schien weniger bedrohlich. Der Sonnenaufgang hatte ihm gezeigt, dass es immer einen Weg gab, dass das Licht immer wieder zurückkehren würde, egal wie dunkel die Nacht gewesen war.

Er ging den Hügel hinab, sein Schritt war fest und sicher. Die Vögel sangen nun lauter, und die ersten Sonnenstrahlen wärmten sein Gesicht. Es war ein neuer Tag, und Jakob wusste, dass er die Möglichkeit hatte, ihn zu einem besseren zu machen. Die Last der Vergangenheit war noch da, aber sie fühlte sich leichter an. Der Sonnenaufgang hatte ihm gezeigt, dass jeder Tag eine neue Chance war, und er war bereit, diese Chance zu nutzen.

Als er das Dorf erreichte, war die Welt um ihn herum bereits wach. Menschen gingen ihren Tätigkeiten nach, begrüßten den neuen Tag, ohne sich der Magie bewusst zu sein, die er in den ersten Morgenstunden erlebt hatte. Aber Jakob wusste es, und das war genug. Er würde diesen Tag mit neuem Mut angehen, mit der Gewissheit, dass es immer einen neuen Morgen geben würde, einen neuen Anfang.

Und so ging Jakob in den Tag, mit dem Wissen, dass der Sonnenaufgang mehr war als nur das Ende der Nacht. Er war das Versprechen, dass das Leben immer weiterging, dass es immer eine neue Möglichkeit gab, dass das Licht immer wiederkehren würde. Und in diesem Wissen fand er den Frieden, den er so lange gesucht hatte.

A New Morning

The morning was cold and still. The sky still held the darkness of the night, with only a faint, pale light on the horizon signaling the coming day. Jakob stood alone on the small hill, his gaze fixed firmly on the east. He could feel the cold in his bones, the grass under his feet was damp with the dew that had settled over the fields during the night. But he hardly noticed it. His thoughts were elsewhere.

It had been a long time since Jakob had last consciously watched a sunrise. In the past, he often rose early to see the first ray of light of the day, the gentle breaking of the night, the promise of a new beginning. But life had changed him. The weight of the years, the decisions he had made, the paths he had taken—all these had made the world darker for him. The sunrise had become something ordinary, something he no longer paid attention to. But today was different. Today, he needed the light.

It had been a hard winter, not just because of the cold. In the past months, Jakob had lost more than he ever thought possible. People who were important to him, dreams he had given up. The darkness had spread within him, and he no longer knew how to find his way back. But this morning, on this hill, he was searching for something—a sign, a spark of hope, something to show him that it could continue.

The first rays of the sun broke through the darkness as Jakob took a deep breath. He felt the air change, becoming warmer. It was as if the world took a new breath, as if everything around him paused for a moment to welcome the start of the day. The sky above him began to change color, from a dark blue to a bright orange that slowly stretched over the fields. The silence of the night was broken by the first bird calls, and Jakob could feel the life awakening with the light.

He thought of all the sunrises he had missed, all the mornings when he had lost himself in the darkness of his own thoughts. How often had he missed the chance to see a new beginning because he was trapped in the past? He had clung so tightly to what had been that he no longer noticed what lay ahead. But in this moment, as the sun crossed the horizon, he knew it wasn't too late.

The day had begun, and with it came a new possibility. Jakob felt the warmth of the sun touch his skin, and with it came a kind of peace he hadn't known in a long time. It was a quiet peace, one that didn't come from outside but from within, a feeling that reminded him that life continued despite everything. The sunrise wasn't an end, but a beginning, a promise that every day could start anew if you let it.

He looked down at the fields stretching out below him, the village in the distance slowly coming to life. The people there would soon rise, start their day, unaware of how special this moment was. For them, it was just another morning, another awakening. But for Jakob, it was more. It was a reminder that life didn't end in the hard moments, but in the small, unremarkable moments that lifted us up again.

The sun rose higher, the light grew stronger, and with it came the sounds of the day. Jakob knew he had to return, that the world was waiting for him. But he was ready. For the first time in a long time, he didn't feel overwhelmed by what lay ahead. He had seen the light, the promise it carried, and he was ready to embrace that promise.

With one last look at the sunrise, Jakob turned and began to make his way back to the village. The day had begun, and he knew he had the chance to make the most of it. The darkness of the past months hadn't vanished, but it seemed less threatening. The sunrise had shown him that there was always a way, that the light would always return, no matter how dark the night had been.

He walked down the hill, his step firm and steady. The birds were singing louder now, and the first rays of sun warmed his face. It was a new day, and Jakob knew he had the opportunity to make it a better one. The burden of the past was still there, but it felt lighter. The sunrise had shown him that every day was a new chance, and he was ready to take it.

As he reached the village, the world around him was already awake. People were going about their business, greeting the new day without realizing the magic he had experienced in the early morning hours. But Jakob knew, and that was enough. He would face this day with new courage, with the certainty that there would always be a new morning, a new beginning.

And so Jakob walked into the day, knowing that the sunrise was more than just the end of the night. It was the promise that life always went on, that there was always a new possibility, that the light would always return. And in that knowledge, he found the peace he had been seeking for so long.

Die stille Magie des Mondes

Mira saß auf der alten Holzbank hinter ihrem Haus und blickte hinauf zum Himmel. Es war eine klare Nacht, und der Mond stand voll und rund am Himmel, seine silberne Scheibe war wie ein riesiges Auge, das die Welt beobachtete. Der Mond war schon immer etwas Besonderes für sie gewesen. Wenn sie klein war, hatte sie oft mit ihm gesprochen, als wäre er ein Freund, der ihr Geheimnisse verraten könnte. Nun war sie sechzehn, und der Mond war immer noch ein vertrauter Begleiter.

Die Nacht war kühl, und der Wind trug den leisen Duft von frisch gemähtem Gras und Holzrauch. Der Garten hinter ihrem Haus war still, die einzigen Geräusche waren das gelegentliche Rascheln der Blätter und das sanfte Zirpen der Grillen. Mira liebte diese Nächte, in denen die Welt so ruhig war, als würde sie aufatmen, um den Mond zu ehren. Heute war besonders. Sie fühlte eine unbestimmte Sehnsucht, als ob der Mond ihr etwas mitteilen wollte.

Mira hatte in letzter Zeit viel nachgedacht. Die Schule war ein ständiger Kampf, die Erwartungen der Lehrer, die Fragen ihrer Freunde. Es schien, als ob alles Druck auf sie ausübte, sie in eine Richtung drängte, die sie nicht verstand. Die Fragen, die sie sich stellte, blieben ohne Antworten, und die Antworten, die sie bekam, schienen nicht die ihren zu sein. Aber der Mond war anders. Er war konstant, unberührt von den Wirren des Lebens, und in seinem sanften Licht fand sie immer einen Moment des Friedens.

In dieser Nacht entschied sie sich, ihrem Herzen zu folgen. Sie hatte immer von Abenteuern geträumt, von Orten, die sie nur in Büchern gesehen hatte. Die Welt draußen schien groß und unüberschaubar, und die Vorstellung, einfach aufzubrechen und ihren eigenen Weg zu gehen, war sowohl aufregend als auch beängstigend. Aber der Mond schien ihr zu sagen, dass es Zeit war, diesen Traum zu verfolgen. Vielleicht war es nicht nur ein Traum, sondern eine Möglichkeit, sich selbst zu finden.

Mira erhob sich langsam von der Bank und ging in ihr Zimmer. Ihre Eltern schliefen schon, und das Haus war still. In ihrem Zimmer stand ein kleiner Schreibtisch, auf dem sich eine Karte der Welt ausbreitete. Sie hatte sie von ihrer Großmutter bekommen, und sie war alt und zerknittert, mit Rändern, die sich ablösen. Auf der Karte waren Orte eingezeichnet, die sie sich immer gewünscht hatte zu besuchen, aber die sie nie für möglich gehalten hatte. Nun betrachtete sie diese Orte mit neuen Augen.

Sie packte einen kleinen Rucksack, füllte ihn mit den nötigsten Dingen: einer alten Kamera, einem Notizbuch, ein paar Kleidungsstücken und einem Fläschchen Wasser. Ihre Vorfreude wuchs mit jedem Handgriff. Als sie den Rucksack schloss, spürte sie eine Mischung aus Nervosität und Entschlossenheit. Der Mond war ihr Zeuge, ihr stiller Begleiter in dieser Nacht des Wandels.

Als sie das Haus verließ, war der Mond der einzige Zeuge ihres Aufbruchs. Die Nachtluft war frisch und klar, und die Welt schien in einem sanften, silbernen Licht zu liegen. Mira schritt durch den Garten und dann den kleinen Weg entlang, der in den Wald führte. Der Mondstrahl fiel auf den Weg, und sie folgte ihm, als ob er ihr den Weg wies.

Der Wald war dunkel, aber der Mond durchbrach die Dunkelheit mit seinen Strahlen, die zwischen den Bäumen hindurch schimmerten. Mira ging langsam, genoss die Ruhe und die kühle Luft. Die Geräusche des Waldes waren beruhigend, und das Rascheln der Blätter schien eine Art Symphonie zu sein, die ihr den Weg wies.

Sie wusste nicht, wohin der Weg sie führen würde, aber das machte ihr nichts aus. Der Mond war ein vertrauter Führer, und sie vertraute darauf, dass er sie an den richtigen Ort bringen würde. Der Gedanke, dass sie sich in ein Abenteuer stürzen würde, das sie nicht vollständig verstand, erfüllte sie mit einer Art ergreifender Freude. Es war der Beginn von etwas Neuem, und der Mond war ihr ständiger Begleiter.

Als die Nacht weiter voranschritt und die Dunkelheit tiefer wurde, fand Mira einen kleinen klaren Platz im Wald. Der Mond stand hoch am Himmel und spiegelte sich im ruhigen Wasser eines kleinen Teiches, der vor ihr lag. Sie setzte sich am Rand des Teiches und ließ ihre Füße ins Wasser baumeln. Das Wasser war kühl und beruhigend, und die Reflexion des Mondes auf der Oberfläche des Teiches war wie ein silbernes Band, das die Nacht erleuchtete.

Mira schloss die Augen und atmete tief ein. In diesem Moment fühlte sie sich vollkommen im Einklang mit der Welt um sie herum. Der Mond war nicht mehr nur ein ferner Lichtpunkt, sondern ein vertrauter Freund, der ihr den Weg gezeigt hatte. Sie fühlte sich verbunden mit etwas Größerem, als ob die Welt und der Mond ein Geheimnis teilten, das nur sie verstehen konnte.

Die Stunden vergingen, und der Mond zog seine Bahn am Himmel. Mira saß noch immer am Teich, die Ruhe und die Kühle der Nacht umhüllten sie wie ein sanfter Mantel. Sie wusste, dass sie irgendwann aufbrechen musste, um zurückzukehren, aber in diesem Moment wollte sie einfach nur sein. Der Mond hatte ihr die Freiheit gegeben, den Moment zu genießen, und sie wollte diesen Moment auskosten, bevor der Tag anbrach.

Als die ersten Zeichen der Dämmerung am Horizont auftauchten, erhob sich Mira von ihrem Platz am Teich. Der Mond begann, sich langsam zurückzuziehen, und die ersten Sonnenstrahlen kündigten den neuen Tag an. Mira wusste, dass die Nacht zu Ende ging, aber der Mond hatte ihr etwas Wichtiges gegeben: den Mut, ihren eigenen Weg zu gehen, und die Gewissheit, dass sie nie wirklich allein war.

Sie machte sich auf den Rückweg, die Dunkelheit wich dem ersten Licht des Tages. Der Mond war noch sichtbar, ein schwaches Licht am Himmel, das sie aufmunterte, weiterzugehen. Der Wald war nun weniger geheimnisvoll und mehr vertraut, und Mira ging den Weg zurück zu ihrem Haus mit einem neuen Gefühl der Hoffnung und des Mutes.

Die Sonne ging auf, und der Tag begann. Mira wusste, dass sie noch viel zu tun hatte und dass der Weg, den sie gewählt hatte, nicht immer einfach sein würde. Aber der Mond hatte ihr gezeigt, dass es immer einen neuen Anfang gab, dass es immer Licht gab, selbst in den dunkelsten Zeiten. Mit diesem Wissen ging sie in den Tag und bereitete sich darauf vor, die Abenteuer zu erleben, die auf sie warteten.

The Silent Magic of the Moon

Mira sat on the old wooden bench behind her house, gazing up at the sky. It was a clear night, and the moon hung full and round in the sky, its silver disk like a giant eye watching over the world. The moon had always been special to her. When she was small, she often spoke to it as if it were a friend who could reveal secrets. Now, at sixteen, the moon was still a familiar companion.

The night was cool, and the wind carried the faint scent of freshly mowed grass and wood smoke. The garden behind her house was silent, the only sounds being the occasional rustling of leaves and the soft chirping of crickets. Mira loved these nights when the world seemed to take a breath, honoring the moon. Tonight was different. She felt an indescribable longing, as if the moon wanted to tell her something.

Mira had been thinking a lot lately. School was a constant struggle, the pressure from teachers, the questions from friends. It seemed as though everything was pushing her in a direction she didn't understand. The questions she asked remained unanswered, and the answers she received didn't seem to be hers. But the moon was different. It was constant, untouched by life's turmoil, and in its gentle light, she always found a moment of peace.

That night, she decided to follow her heart. She had always dreamed of adventures, of places she had only seen in books. The world outside seemed vast and uncharted, and the thought of simply setting off and finding her own path was both thrilling and frightening. But the moon seemed to be telling her it was time to pursue that dream. Perhaps it wasn't just a dream, but a chance to find herself.

Mira slowly got up from the bench and went into her room. Her parents were already asleep, and the house was quiet. In her room stood a small desk with a world map spread out. She had received it from her grandmother, and it was old and crumpled, with edges peeling away. The map marked places she had always wanted to visit but had never thought possible. Now she looked at these places with new eyes.

She packed a small backpack, filling it with essentials: an old camera, a notebook, a few clothes, and a bottle of water. Her excitement grew with each movement. As she closed the backpack, she felt a mixture of nervousness and determination. The moon was her witness, her silent companion in this night of change.

As she left the house, the moon was the only witness to her departure. The night air was crisp and clear, and the world seemed to be bathed in a soft, silvery light. Mira walked through the garden and along the small path leading into the woods. The moonlight fell on the path, and she followed it as if it were guiding her.

The forest was dark, but the moon pierced the darkness with its beams, shimmering through the trees. Mira walked slowly, enjoying the quiet and the cool air. The sounds of the forest were soothing, and the rustling of leaves seemed to be a kind of symphony leading her on.

She didn't know where the path would lead her, but she didn't mind. The moon was a trusted guide, and she trusted it to take her to the right place. The thought of embarking on an adventure she didn't fully understand filled her with a kind of poignant joy. It was the beginning of something new, and the moon was her constant companion.

As the night wore on and the darkness deepened, Mira found a small clearing in the woods. The moon was high in the sky and reflected in the calm water of a small pond before her. She sat by the edge of the pond and let her feet dangle in the water. The water was cool and soothing, and the reflection of the moon on the surface of the pond was like a silver ribbon illuminating the night.

Mira closed her eyes and took a deep breath. At that moment, she felt completely in tune with the world around her. The moon was no longer just a distant light but a familiar friend who had shown her the way. She felt connected to something greater, as if the world and the moon shared a secret that only she could understand.

Hours passed, and the moon continued its journey across the sky. Mira still sat by the pond, wrapped in the peace and coolness of the night. She knew she would have to leave eventually, but for now, she just wanted to be. The moon had given her the freedom to savor the moment, and she wanted to enjoy it before the day broke.

As the first signs of dawn appeared on the horizon, Mira rose from her place by the pond. The moon began to slowly retreat, and the first rays of the sun heralded the new day. Mira knew that she still had much to do and that the path she had chosen wouldn't always be easy. But the moon had shown her that there was always a new beginning, that there was always light even in the darkest times. With this knowledge, she faced the day and prepared to embrace the adventures that awaited her.

The sun rose, and the day began. Mira knew that she had to face many challenges ahead, but the moon had given her a gift: the courage to follow her own path and the assurance that she was never truly alone. With this knowledge, she walked into the day, ready for whatever came next.